Bibliografische Information der Deutschen Nationalbibliothek:

Die Deutsche Bibliothek verzeichnet diese Publikation in der Deutschen National-
bibliografie; detaillierte bibliografische Daten sind im Internet über http://dnb.d-
nb.de/ abrufbar.

Impressum:

Copyright © 2018 GRIN Verlag
Druck und Bindung: Books on Demand GmbH, Norderstedt Germany
ISBN: 9783668720923

Dieses Buch bei GRIN:

https://www.grin.com/document/428206

René Diedering

Vergleich zwischen Genauigkeitsschätzungen und Induktionsalgorithmen in der Wirtschaftsinformatik

GRIN Verlag

GRIN - Your knowledge has value

Der GRIN Verlag publiziert seit 1998 wissenschaftliche Arbeiten von Studenten, Hochschullehrern und anderen Akademikern als eBook und gedrucktes Buch. Die Verlagswebsite www.grin.com ist die ideale Plattform zur Veröffentlichung von Hausarbeiten, Abschlussarbeiten, wissenschaftlichen Aufsätzen, Dissertationen und Fachbüchern.

Besuchen Sie uns im Internet:

http://www.grin.com/

http://www.facebook.com/grincom

http://www.twitter.com/grin_com

Inhaltsverzeichnis

Inhaltsverzeichnis...I

Darstellungsverzeichnis..II

Abkürzungsverzeichnis..III

Abstract...IV

1   Einleitung...1

   1.1   Aufgabenstellung...1

   1.2   Zielsetzung...1

   1.3   Aufbau und Struktur..2

2   Sind Vergleiche auf Basis von Induktion gerechtfertigt?.......................................3

3   Sind Genauigkeitsschätzungen gerechtfertigt und angemessen?...........................5

   3.1   Wie lässt sich das Problem der Genauigkeitsschätzungen darstellen?.....................5

   3.2   Bewertung und Optimierung von Analyse-Strategien mit Hilfe von
Grenzwertoptimierungskurven...6

   3.3   Standardmethoden für dominante Klassifikatoren herstellen...................................8

   3.4   Können Standardmethoden erzwungen werden, um dominierende ROC-Kurven zu
erhalten?...9

4   Empfehlungen und Einschränkungen...11

5   Schlussfolgerung...13

6   Literaturverzeichnis..14

Darstellungsverzeichnis

Nr.	Bezeichnung	Seite
Abbildung 1 ROC-Kurve eines Klassifikators 7		

Abkürzungsverzeichnis

ROC Receiver Operating Characteristic (Betriebsmerkmal des Empfängers)

AUC Wert, area under the curve

Abstract

Die vorliegende Arbeit analysiert kritisch die Verwendung der Klassifikationsgenauigkeit, um Klassifikatoren mit natürlichen Datensätzen zu vergleichen, und bietet eine gründliche Untersuchung mit Hilfe der ROC-Analyse, standardmäßigen maschinellen Lernalgorithmen und Standard-Benchmark-Datensätzen. Die Ergebnisse werfen ernsthafte Bedenken hinsichtlich der Verwendung von Genauigkeitsschätzungen für den Vergleich von Klassifikatoren auf und stellen die Schlussfolgerungen, die aus solchen Studien gezogen werden können, in Frage. Im Verlauf der Untersuchung wird beschrieben, was im Allgemeinen als richtige Anwendung der ROC-Analyse für vergleichende Studien in der maschinellen Lernforschung gehalten werden kann. Es wird argumentiert, dass diese Methode sowohl für praktische Entscheidungen als auch für das Ziehen wissenschaftlicher Schlussfolgerungen vorzuziehen ist.

1   Einleitung

Sowohl auf der Arbeit als auch in der Freizeit begegnen uns Algorithmen. Sie sind kaum noch aus unserem modernen Leben wegzudenken. Meist sind Algorithmen als Handlungsempfehlungen hilfreich, aber auch nicht immer unbedenklich. Allgemein gesagt gibt ein Algorithmus eine Vorgehensweise vor, um ein Problem zu lösen. Anhand dieses Lösungsplans werden in Einzelschritten Eingabedaten in Ausgabedaten umgewandelt.[1] Im Verlauf der Zeit wurde viel Forschungsarbeit in die Optimierung und Untersuchung zur Klassifizierung von Algorithmen investiert. Ein Großteil dieser Arbeiten widmete sich dem Vergleich von Induktionsalgorithmen. Eine übliche Methode für die Bewertung von Induktionsalgorithmen sind statistische Genauigkeitsschätzungen mit bekannten Vergleichsmaßstäben. Als Schätzungen werden genäherte Feststellungen von Größen, Zahlenwerten oder Parametern durch Erfahrung, statistische Methoden oder durch Beobachtungen bezeichnet.[2]

1.1   Aufgabenstellung

Es sollen in dieser Arbeit nicht die statistischen Vergleichsmethoden in Frage gestellt werden. Vielmehr wird überprüft, ob die Verwendung von Genauigkeitsschätzungen im Vergleich zur Anwendung von Induktionsalgorithmen den Anwender zum Ziel führen kann. Für die primärwissenschaftlichen Gebiete ist die Anwendung dieser Methode kritisch zu durchleuchten. Die am häufigsten benannten Gründe, Genauigkeitsschätzung von natürlichen Datensätzen anzuwenden, erfordern eine empirische Analyse. Diese Arbeit argumentiert, dass eine Form des Receiver-Operating-Characteristic-Verfahrens, kurz ROC-Verfahren, die am sinnvollsten anzuwendende Methode ist, um empirische Überprüfungen durchzuführen.

1.2   Zielsetzung

Ziel dieser Arbeit ist eine gründliche Analyse von Klassifizierungen der Standard Machine-Learning-Algorithmen und Standard-Benchmark-Datensätzen durchzuführen. Sowohl für Genauigkeitsschätzungen in der Praxis, wie auch für vorausschauende Schlussfolgerungen sind hinsichtlich der Ergebnisse Bedenken weit verbreitet. Als Alternativweg zur kritischen Betrachtung soll eine Annahme des Machine Learnings bezüglich ihrer Anwendbarkeit und Implikation hinterfragt werden. Es ist festzustellen, dass dieser Prozess eine bevorzugte Methode ist, um Induktionsalgorithmen und natürliche Datenstrukturen sachgerecht zu beurteilen.

---

[1] Vgl. Czernik, 2016, o. S.

[2] Vgl. Provost, Fawcett, Kohavi, 2011, S. 1.

Die ROC-Analyse ist vielfach in der Forschung des Machine Learnings angewandt und lässt eine spezifische Schlussfolgerung über die prinzipielle Art und Weise des Machine Learnings zu.[3]

1.3 Aufbau und Struktur

Bevor die eigentliche Aufgabe dieser Arbeit verfolgt wird, soll im Kapitel 2 die Rechtfertigung für Vergleiche von Genauigkeitsschätzungen und Induktionsalgorithmen erläutert werden. Das Kapitel 3 wird das Problem der Genauigkeitsschätzung darstellen und im nächsten Schritt Analysestrategien, mit deren Hilfe Grenzwertoptimierungskurven bewertet und gegebenenfalls optimiert werden können. Im folgenden Kapitel sollen dann Standardmethoden für dominante Klassifikatoren hergestellt und bezogen auf die Standardmethoden für dominierende ROC-Kurven erzwungen werden, ehe im Kapitel 4 Empfehlungen und Einschränkungen beschrieben werden und das Kapitel 5 mit einer Schlussfolgerung diese Arbeit beendet.

---

[3] Vgl. http://de.mathworks.com, 2016, o. S.

2   Sind Vergleiche auf Basis von Induktion gerechtfertigt?

Eine Schätzung beschreibt die genäherte Feststellung von Größen, Zahlenwerten oder Parametern. Durch Erfahrung, statistische Methoden oder Inaugenscheinnahme werden Schätzungen durchgeführt. Bei einer Schätzung werden Werte durch Näherungsverfahren von Parametern, Zahlenwerten oder Resultaten durch deren Genauigkeitsstreuung bestimmt. Je genauer die Schätzung erfolgen soll, richten sich auch der Aufwand und die Schätz-Methode. Statistische Verfahren bei der Schätzung erreichen eine höhere Genauigkeit. Sie werden auch als eine präzise Schätzungsmethode angesehen. In Technik und Wirtschaft wird öfter als angenommen die Schätzungsmethode angewendet.[4] Bei der Statik beispielsweise können zwar genaue Werte berechnet werden, bei der Festigkeit der Bauteile aber nicht. Der Sicherheitsfaktor ist dabei relativ hoch. In der Regel soll ein Ergebnis bestimmte Verlässlichkeit und Genauigkeit garantieren. Aus der wirtschaftlichen Sicht können die Detailarbeiten mit Statistikmethoden ermittelt werden.[5] Bei der Betrachtung von Induktionen, die die Absicht haben, Machine-Learning-Algorithmen zu erstellen, werden anhand von Beispielen auf der Basis vorhandener Datenmodelle Klassifizierungen vorgenommen. Die Abgrenzung von vorhersehbarer und definierter Leistung hat meistens die Absicht, Studien des Machine Learnings mit einzubeziehen und berücksichtigt nicht die Frage der Verständlichkeit sowie der rechnerischen Leistungen. Man muss davon ausgehen, dass die Verteilung der vorhandenen Klassifizierungsbeispiele nicht das Wissen oder die Tatsachen im Voraus ausdrücken werden. Um eine Auswahl von Informationen zu erhalten, werden die Leistungen aus den verfügbaren Daten geschätzt.[6] Diverse Methoden hierzu wurden bereits in den vorangestellten Kapiteln beschrieben. Eine der am häufigsten angewendeten Kennzahlen von Leistungen ist die Genauigkeit einer Klassifizierung. Worin aber liegt der Sinn, die Genauigkeit von Datensätzen zu schätzen? Im Grunde genommen kann kein Bereich der Induktionsalgorithmen alle Induktionsprobleme darstellen. Der hauptsächliche Grund für einen Vergleich von klassifizierten Datensätzen ist, dass Datensätze Probleme darstellen, die auf Systemen aus der realen Welt basieren und sich auf Leistungen realer Aufgaben auswirken. Eine Vielzahl von Forschungsergebnissen beziehen sich auf die Klassifizierung von Genauigkeitsschätzungen. Hier muss aber auch festgestellt werden, dass viele Genauigkeitsschätzungen wenig darüber aussa-

---

[4] Vgl. http://projektmanagement-definitionen.de/glossar/schaetzung/ Zugriff 11.03.2018
[5] Vgl. http://projektmanagement-definitionen.de/glossar/schaetzung/ Zugriff 11.03.2018
[6] Vgl. http://projektmanagement-definitionen.de/glossar/schaetzung/ Zugriff 11.03.2018

gen, welche Leistungen aus der Klassifikation von Datensätzen den realen Aufgaben entsprechen. Die Optimierung von Genauigkeiten ist für reale Aufgaben, in denen tatsächliche Datensätze entnommen wurden, nicht zielführend. Eine richtige Klassifizierung geht davon aus, dass Fehleinstufungen die gleichen Kosten erzeugen. Richtig jedoch ist, dass die Ursachen für die überwiegenden Probleme darin liegen, dass die Art von Fehlern im Zusammenhang mit den Klassifizierungen oft teurer als eine andere Einschätzung sind und somit differenziert betrachtet werden müssen. Gerade auf dem Gebiet der Statistik ist diese Tatsache sehr gut dokumentiert. Betrachtet man die Fehlerkennung beim Machine Learning, unterscheiden sich die Kosten eines Fehlers von den Kosten eines falschen Alarms. Eine Optimierung der Genauigkeitsschätzung setzt voraus, dass auch die Klassenverteilung mit der Zielumgebung vertraut ist. Leider ist es oft so, dass die Datensätze der betrachteten Verteilung nicht mit der ursprünglichen Verteilung übereinstimmen. Wenn aber die Genauigkeitsschätzung so viele Fehler und Probleme beinhaltet, warum wird sie dennoch in der Praxis angewendet? Mindestens zwei Gründe rechtfertigen die Anwendung der Genauigkeitsschätzung.[7]

Da wäre zum einen, dass der Klassifikator mit der höchsten Genauigkeit auch der ist, der die Kosten am weitesten minimiert. Vorausgesetzt, der Klassifikator unterscheidet zwischen wahrer und falsch positiv abgestimmter Vorhersage, wie zum Beispiel ein Modell, dass Wahrscheinlichkeitsschätzungen durchführt und mit Vorwahrscheinlichkeiten und Kostenschätzungen für analytische Einteilungen kombiniert. Wenn dieses Modell eine hohe Bestätigung seiner Genauigkeitsschätzungen besitzt, wird es für jedes Szenario auch entsprechend geringe Kosten erzeugen. Ein weiterer Grund, Genauigkeitsschätzungen in der Praxis anzuwenden, besteht darin, dass Induktionsalgorithmen mit den höchsten Genauigkeitseinteilungen auch die geringsten Kostenverteilungen erzeugen. Beispielsweise wird eine Änderung der Klasseneinteilung dann wirksam, wenn kostenintensive Entscheidungsbäume aufgebaut wurden.

Die kritische Betrachtung bei der Verwendung von Genauigkeitsschätzungen in der Praxis des Machine Learnings bezieht sich darauf, dass die Genauigkeitsmessung nicht die realen Leistungen misst. Stattdessen ist es notwendig, die Grundlagen der Genauigkeitsschätzung darzustellen und zu begründen.[8]

---

[7] Vgl. Provost, Fawcett, Kohavi, 2011, S. 1.
[8] Vgl. Provost, Fawcett, Kohavi, 2011, S. 2-3

3   Sind Genauigkeitsschätzungen gerechtfertigt und angemessen?

Zunächst wird ein häufig angewendeter spezieller Fall diskutiert und als nächster Schritt eine Rechtfertigung für unhaltbare Annahmen argumentiert. Aus einer Untersuchung heraus müssen im Folgeschritt die Ergebnisse präsentiert und die Schlussfolgerung, dass die Rechtfertigung eher fragwürdig ist, dargestellt werden.

3.1   Wie lässt sich das Problem der Genauigkeitsschätzungen darstellen?

Vom Prinzip her lässt sich ein Zwei-Klassen-Problem auf Basis der Zielkosten und Klassenverteilung weiterverfolgen. Sobald dieses getan ist, lassen sich die Daten auf die die Genauigkeitsschätzung basieren, maximieren und die Zielkosten minimieren. Leider ist diese Art der Betrachtung nicht der geeignetste Weg für die Praxis. Das liegt zum einen daran, dass eine Übertragung von Datensätzen nur in einem Zwei-Klassen-Problem gültig ist und eine effektive Anpassung an mehrklassige Probleme bisher nicht beantwortet wurde. Zum anderen liegt es auch daran, dass keine angemessenen Kosten für diese Art von Datensätzen bekannt sind.[9] Und zum Abschluss ist im Allgemeinen nicht bekannt, ob die Klassifizierung von natürlichen Datenmengen die wahre Zielklassenverteilung widerspiegelt.

Auf Grund dieser Ungewissheiten kann nicht genau gesagt werden, ob man in der Lage ist, die Übertragung der Probleme in der Kostenminimierung auf die Maximierung der Genauigkeiten zu realisieren. Für diese Fälle ist eine Spezifizierung der Zielvorgaben praktisch unmöglich. In einer Vielzahl von realen Wirkungsbereichen sind echte Ziele im Bereich Kosten und Klassenverteilung nicht vorhanden. Diese Ziele ändern sich von Ort zu Ort, von Zeit zu Zeit und von Situation zu Situation.[10] Daher ist allein die Fähigkeit der Übertragung von Kostenminimierungen auf die Genauigkeitsmaximierung nicht die Rechtfertigung für Beschränkungen im Genauigkeitsvergleich von Klassifizierungen mit der vorhandenen Klassenverteilung. Allerdings sagt das nichts darüber aus, dass Genauigkeitsvergleiche anhand von Klassifikationen bessere Leistungen umfassen.[11]

---

[9] Vgl. Provost, Fawcett, Kohavi, 2011, S. 3
[10] Vgl. Provost, Fawcett, Kohavi, 2011, S. 3-4
[11] Vgl. Provost, Fawcett, Kohavi, 2011, S. 3-4

3.2 Bewertung und Optimierung von Analyse-Strategien mit Hilfe von Grenzwertoptimierungskurven

In folgendem Kapitel soll analysiert werden, ob ein generierter Algorithmus mit hoher Genauigkeit in der Regel besser ist, auch weil somit geringere Kostenklassifikatoren für die Zielkosten eingeplant werden können. Ohne Informationen über die Zielkosten und Klassenverteilung muss vermutet werden, dass die Klassifizierung mit höherer Genauigkeit eine bessere Einteilung ist als jede vernünftige Annahme von Leistungen. Da für die Betrachtung und Untersuchung der Analyse eine Zwei-Klassen-Probleme-Einteilung einfacher ist, beschränkt sich diese Arbeit darauf. Der gewählte Bewertungsrahmen ist die sogenannte Receiver-Operating-Characteristic-Analyse, im Folgenden kurz ROC-Analyse.[12] Ein Überblick über die Grundlagen der ROC-Analyse soll zum besseren Verständnis beitragen.

Die ROC-Analyse ist ein statistisches Verfahren, mit dem die Aussagekraft von Laborparametern und andere Untersuchungsverfahren optimiert und verglichen werden können.

Bei Laborparameter wird der Grenzwert, ab dem das Ergebnis als positiv betrachtet wird, über einen bestimmten Bereich variiert. Aus jedem angenommenen Grenzwert ergibt sich dann eine andere Kombination aus Sensitivität und Spezifität.[13] In einem quadratischen Diagramm werden auf der X-Achse die Spezifität von 1 bis 0 (100 % bis 0 %) und auf der Y-Achse die Sensitivität von 0 bis 1 (0 % bis 100 %) aufgetragen. Die Wertepaare jedes angenommenen Grenzwertes werden in dieses Diagramm eingetragen und durch eine Linie, die sogenannte ROC-Kurve, oder auch Grenzwertoptimierungskurve, verbunden.[14] Dieses Diagramm veranschaulicht dann den Kompromiss zwischen den Treffern der richtig positiven Klassifizierungen und den Kosten der falsch positiven Klassifizierungen. Ein perfekter Klassifikator erzeugt einen Punkt in der linken oberen Ecke des Diagramms, dieser wiederum entspricht einer Trefferquote von einhundert Prozent, was diesbezüglich bedeutet, dass alle positiven Objekte auch als solche erkannt werden und eine Falsch-Alarm-Rate von null Prozent besitzen, was definiert, dass kein negatives Objekt positiv klassifiziert wird.[15] Falls das Klassifizierungsergebnis von einer Entscheidungsschwelle abhängt, kann man die ROC-Werte eines Klassifikators für eine Reihe verschiedener Schwellwerte auftragen. In Abbildung 1 ist eine entstehende ROC-Kurve abgebildet, die ein einfaches und effizientes Werkzeug ist, um die Eigenschaften des Klassifikators zu charakterisieren.

---

[12] Vgl. Provost, Fawcett, Kohavi, 2011, S. 3-4
[13] Vgl. Ostendorf, 2016, o. S.
[14] Vgl. Ostendorf, 2016, o. S.
[15] Vgl. Lohninger, 2012, o. S.

Abbildung 1 ROC-Kurve eines Klassifikators

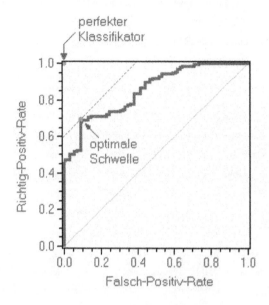

Quelle: Lohninger, 2012, o. S.

In dieser Abbildung kann man die optimale Klassifikator-Schwelle finden, indem man jenen ROC-Wert sucht, der den größten Normalabstand zur Diagonale des Diagramms aufweist. Und es lässt sich die Fläche unterhalb der ROC-Kurve als Maß für die Qualität des Klassifikators darstellen. Falls ein Klassifikator keine Entscheidungskraft aufweist, liegt die ROC-Kurve exakt auf der Diagonalen. Je besser die Klassifizierungsfähigkeit des Klassifikators, desto größer die Fläche unterhalb der ROC-Kurve. Der sogenannte AUC-Wert, als Fläche unterhalb der ROC-Kurve, kann als Wahrscheinlichkeit interpretiert werden, dass ein positiver Wert auch tatsächlich als solcher klassifiziert wird.[16] Um die Qualität eines Tests zu bewerten, kann außerdem die Fläche unter der Kurve berechnet werden. Sie kann maximal 1 sein. Je höher der Wert, desto besser ist die Diskriminierungsfähigkeit des Parameters. Wenn ROC-Kurven sich kreuzen, ist in einem Teilbereich der Messungen der Parameter A besser, in einem anderen Teilbereich der Parameter B.[17]

---

[16] Vgl. Lohninger, 2012, o. S.

[17] Vgl. Lohninger, 2012, o. S.

Um den absteigenden Werteverlauf auf der X-Achse zu vermeiden, kann auch die „Falsch-positiv-Rate" (1-Spezifität) benutzt werden, die dann von 0 bis 1 verläuft. Dies verändert aber die Berechnung der AUC.[18]

Zusammengefasst beschreiben die ROC-Kurven das Vorhersageverhalten eines Klassifikators und veranschaulichen den Fehler.

3.3 Standardmethoden für dominante Klassifikatoren herstellen

Aufbauend auf die Grundlagen können nun Hypothesen präzisiert und untersucht werden. Es lässt sich somit feststellen, dass Standardalgorithmen dominierende Modelle für Standard-Benchmark-Datensätze erzeugen. Bewahrheitet sich die Hypothese, kann geschlussfolgert werden, dass der Algorithmus mit hoher Genauigkeit und unabhängig von den Zielkosten im Allgemeinen besser ist. Ist die Hypothese nicht wahr, lässt sich daraus schlussfolgern, dass ein anderer Weg gefunden werden muss, um die Anwendung von dominierenden Modellen zu rechtfertigen.[19] Aus einer experimentelle Studie, welche an der Universität in New York durchgeführt wurde, sind zehn Datensätze ausgewählt worden, um sich dieser Grundhypothese anzunehmen. Mindestens 250 Instanzen enthielten die ausgewählten Datensätze, für die die Genauigkeit der Entscheidungsbäume kleiner als 95 % betragen soll, da andernfalls die ROC-Kurven mit sehr hohen Genauigkeiten schwierig zu lesen sind. Für jeden Bereich wurden Klassifikatoren für die Minderheitsklasse induziert.[20]

Es stellte sich beim Betrachten der ROC-Kurven heraus, dass für nur ein Vehikel dieser zehn Domänen es einen absoluten Dominator gibt. Im Allgemeinen hatten nur sehr wenige der 100 Durchläufe dominierende Klassifizierungen.[21] Daraus entwickelt sich die Frage, ob bei fehlenden Zielkosten und Klassenverteilungen ein Zusammenhang für einen Hauptdominator und einem Algorithmus B zu ziehen ist. Hierin sind offensichtliche Implikationen für das Machine Learning festzustellen.

In praktischen Situationen ist oft eine schwächere Behauptung ausreichend, sodass der Hauptdominator eine gute Wahl ist, weil er mindestens so gut wie Algorithmus B ist, was wiederum bedeutet, dass ihre Genauigkeiten nicht signifikant verschieden sind. Es ist klar, dass diese Art von Schlussfolgerung auch nicht umfassend als Rechtfertigung herhalten kann.

---

[18] Vgl. Provost, Fawcett, Kohavi, 2011, S. 3-4.
[19] Vgl. Provost, Fawcett, Kohavi, 2011, S. 6-7.
[20] Vgl. Provost, Fawcett, Kohavi, 2011, S. 6-7.
[21] Vgl. Provost, Fawcett, Kohavi, 2011, S. 6-7.

In vielen Bereichen sind Kurven, die statistisch nicht von Dominatoren in einem Bereich des Raumes zu unterscheiden sind, in einem anderen dominierend. Darüber hinaus wird in praktischen Situationen typischerweise nicht mit dem Reichtum der von uns betrachteten Klassen verglichen. Meistens werden nur wenige klassierte Daten verglichen. Bei allgemeinen paarweisen Vergleichen von Algorithmen gibt es viele Fälle, in denen jedes Modell in einem Paar deutlich besser ist als das andere in verschiedenen Regionen des ROC-Raums. Dies stellt eindeutig die Verwendung von Einzelzahlmessungen für einen praktischen Algorithmusvergleich in Frage, sofern diese Messungen nicht auf genauen Zielkosten und Klassenverteilungsinformationen basieren.[22]

3.4 Können Standardmethoden erzwungen werden, um dominierende ROC-Kurven zu erhalten?

Eine weitere Betrachtung bezüglich der Verwendung von Genauigkeitsschätzungen im Vergleichen von Algorithmen unterscheidet sich geringfügig von der vorherigen Betrachtung. Insbesondere ermöglicht diese Betrachtungsweise, Algorithmen zu zwingen, unter verschiedenen Szenarien unterschiedliche Verhaltensweisen zu erzeugen. Somit würde sich die Annahme bestätigen und Genauigkeitsvergleiche rechtfertigen, durch die Argumentation, dass für eine vorhandene Domäne der Algorithmus mit höherer Genauigkeit auch der Algorithmus mit geringeren Kosten für alle angemessenen Kosten und Klassenverteilungen ist.[23]

Für Algorithmen, die unter verschiedenen Kosten- und Klassenverteilungen unterschiedliche Modelle erzeugen können, ist die oben beschriebene ROC-Methodik nicht ganz ausreichend. Der Anwender muss in der Lage sein, die Leistung des Algorithmus zu bewerten und nicht ein individuelles Modell. Man kann jedoch die Leistung eines Algorithmus für die ROC-Analyse charakterisieren, indem eine zusammengesetzte Kurve für eine Menge von erzeugter Modelle erstellt wird. Diese Vorgehensweise kann unter Verwendung von Pooling oder unter Verwendung der konvexen Hülle der ROC-Kurven durchgeführt werden.[24]

Eine zweite Hypothese für obige potenzielle Begründung lässt sich somit formulieren. Es kann festgestellt werden, dass Standardlernalgorithmen dominante ROC-Kurven für Standardbenchmark-Datensätze erzeugen. Die Bestätigung dieser Hypothese wäre ein wichtiger Schritt, um die gängige Praxis zu rechtfertigen, Zielkosten und Klassenverteilungen bei Klassenvergleichen mit natürlichen Daten zu ignorieren. Leider sind keine bestätigenden Beweise

---

[22] Vgl. Provost, Fawcett, Kohavi, 2011, S. 8.
[23] Vgl. Provost, Fawcett, Kohavi, 2011, S. 8.
[24] Vgl. Provost, Fawcett, Kohavi, 2011, S. 9.

bekannt. So muss man davon ausgehen, dass in Bezug auf Änderungen der Kosten die gleiche ROC-Kurve unabhängig von den Zielkosten und Klassenverteilung produziert wird. Darüber hinaus kann man feststellen, dass Entscheidungsbäume überraschend robust sind, wenn die Wahrscheinlichkeitsschätzungen mit der Laplace-Schätzung erzeugt werden.[25] Wenn dieses Ergebnis allgemein gilt, würden die Ergebnisse im vorherigen Abschnitt die vorliegende Hypothese ebenfalls beeinträchtigen.

---

[25] Vgl. Bradford et al., 1998, S.131-136

4 Empfehlungen und Einschränkungen

Bei der Erstellung von vergleichenden Studien sollten sich die Forscher über die Schlussfolgerungen im Klaren sein, die sie aus den Ergebnissen ziehen wollen. Es wurde argumentiert, dass Vergleiche von auf Genauigkeit beruhenden Algorithmen inhomogen sind, wenn es keinen dominierenden Klassifizierer gibt. Das Argument, dass die Verwendung von Genauigkeiten nicht optimal in ihrer Anwendung ist, soll jedoch nur eine Betrachtungsweise sein. Darüber hinaus soll auch aufgezeigt werden, wie präzise Vergleiche noch durchgeführt werden können, selbst wenn die Zielkosten und Klassenverteilungen nicht bekannt sind. Wenn es keinen Dominator gibt, müssen Schlussfolgerungen gezogen werden. Es kann keine einzelne Zahlenmetrik verwendet werden, um sehr starke Rückschlüsse ohne domänenspezifische Informationen zu ziehen. Es ist jedoch möglich, Bereiche von Kosten und Klassenverteilungen zu betrachten, für die jeder Klassifizierer dominiert. Die Probleme der kostensensitiven Klassierung und des Lernens mit versetzten Klassenverteilungen können genau analysiert werden. Auch ohne Kenntnis der Zielbedingungen kann eine präzise, prägnante und robuste Spezifikation der Klassiererleistung erstellt werden.[26] Die Steigungen der Linien, die die konvexe ROC-Hülle berühren, werden durch die Kostenbereiche und Klassenverteilungen bestimmt, für die die bestimmten Klassierer die Kosten minimieren. Für spezifische Zielbedingungen ist die entsprechende Steigung das Kostenverhältnis multipliziert mit dem Kehrwert des Klassenverhältnisses.[27] Zusammenfassend kann gesagt werden, dass wenn ein dominierender Klassifizierer nicht existiert und Kosten- und Klassenverteilungsinformationen nicht verfügbar sind, keine starke Aussage über die Überlegenheit der Klasse gemacht werden kann. Es kann jedoch möglich sein, präzise Überlegenheitsaussagen für bestimmte Bereiche des ROC-Raums zu machen. Wenn beispielsweise einige falsch positive Fehler toleriert werden können, ist der Anwender in die Lage versetzt, einen bestimmten Algorithmus zu finden, der am äußersten linken Rand des ROC-Raums überlegen ist. Wie bereits anfänglich beschrieben, beschränkt sich die Untersuchung in dieser Arbeit auf Zwei-Klassen-Probleme. Dies führt zu keiner endgültigen Schlussfolgerung, da die Ergebnisse negativ sind. Da auch ein analytischer Rahmen empfohlen werden soll, ist es nicht interessant, diese Arbeit auf mehrere Dimensionen auszuweiten. Jedoch ist eine angemessene Bewertung von minimalen erwarteten Kosten fraglich, wenn für eine bestimmte Menge von Kosten der ROC-Raum mit Linien einer

---

[26] Vgl. Vgl. Provost, Fawcett, Kohavi, 2011, S. 9.
[27] Vgl. Provost; Fawcett, 1997, S. 43-46.

bestimmten Neigung konturiert werden soll. Obwohl dies ein Bereich zukünftiger Arbeit ist, ist dies kein grundsätzlicher Nachteil der Methodik.

5   Schlussfolgerung

Es wurde die Rechtfertigung für die Verwendung der Genauigkeitsschätzung als primäre Metrik für den Vergleich von Algorithmen in den Benchmark-Datensätzen zur Debatte gestellt. Darüber hinaus wurde aufgezeigt, was eine geeignete Rechtfertigung für die Beantwortung der Hypothesen sein kann und es wurde dargestellt, dass diese entweder nicht realistisch sind, weil Kosten- und Klassenverteilungen nicht präzise spezifiziert werden können, oder sie werden nicht durch experimentelle Beweise gestützt.

Aus dieser Arbeit lassen sich zwei Schlussfolgerungen ziehen. Erstens sind die Gründe für die Verwendung von Genauigkeitsvergleiche von Klassifizierern bestenfalls fragwürdig. Zweitens wurde festgestellt, was die richtige Anwendung der ROC-Analyse sein kann und wie sie für Vergleichsstudien auf dem Gebiet des Machine Learnings angewendet wird. Die ROC-Analyse ist nicht so einfach wie der Vergleich mit einer Einzahl-Metrik. Es lässt sich aber feststellen, dass die zusätzliche Information, die aus der ROC-Analyse entnommen werden kann, umfassende Rückschlüsse zulässt. In bestimmten Situationen erlaubt die ROC-Analyse sehr starke, allgemeine Rückschlüsse, sowohl positive als auch negative. In Situationen, in denen keine starken, allgemeinen Schlussfolgerungen gezogen werden können, ermöglicht die ROC-Analyse eine sehr genaue Analyse.

6 Literaturverzeichnis

Provost, F.; Fawcett, T. (1997). Robust Classification for Imprecise Environments. Kluwer: Kluwer Academic.

Provost, F.; Fawcett, T.; Kohavi, R. (2011). The case against accuracy estimation for comparing induction algorithms.

Bradford, J. C. R. (1998). Pruning decision trees with misclassification cost. New York: ECML.

Internetquellen:

Czernik, A. (2016). Datenschutzbeauftragter -Info. Was ist ein Algorithmen - Definition und Beispiel. Abgerufen am 09.03.2018 von https://www.datenschutzbeauftragter-info.de/was-ist-ein-algorithmus-definition-und-beispiele/

Lohninger, H. (2012). Grundlagen der Statistik. ROC – Kurve. Abgerufen am 11.03.2018 von http://www.statistics4u.info/fundstat_germ/ee_classifier_roc_curve.html

MathWorks. (2016). Machine Learning Grundlagen. Abgerufen am 11.03.2018 von https://de.mathworks.com/campaigns/products/ppc/google/machine-learning-with-matlab.html

Ostendorf, N. (2016). DocCheckFlexikon. Receiver Operating Charakteristic. Abgerufen am 10.03.2018 von http://flexikon.doccheck.com/de/Receiver_Operating_Characteristic

www.ingramcontent.com/pod-product-compliance
Lightning Source LLC
LaVergne TN
LVHW042128070326
832902LV00037B/1662